हमारे लोकप्रिय गीतकार

शिवबहादुर सिंह भदौरिया

वाणी प्रकाशन
21-ए, दरियागंज, नई दिल्ली-110002
फोन : 011-23273167, 23275710, 41562622
फैक्स : 011-23275710
e-mail : vani_prakashan@yahoo.com

हमारे लोकप्रिय गीतकार

शिवबहादुर सिंह भदौरिया

संपादक

शेरजंग गर्ग

वाणी प्रकाशन का लोगो
विख्यात चित्रकार मकबूल फिदा हुसेन
की कूची से

ISBN : 81-8143-538-9

वाणी प्रकाशन
21-ए, दरियागंज, नयी दिल्ली-110002
द्वारा प्रकाशित

प्रथम संस्करण : 2006

मूल्य : 150.00
आवरण : वाणी चित्रांकन
जय भारत प्रिंटर्स, दिल्ली-110032
द्वारा मुद्रित

HAMARE LOK PRIYA GEETKAR
SHIV BHADUR SINGH BADAURIYA
Edited by Sherjung Garg

अनुक्रम

गीतांजलि

ग़ज़लें, मुक्तक एवं हाइकु

चन्द छन्द मुक्त कविताएँ

शिवबहादुर सिंह भदौरियाः नदी का बहना मुझमें हो

लगभग बीस वर्ष पुरानी बात है। कवि सम्मेलनों का इतना पतन नहीं हुआ था। तब वहाँ श्रेष्ठ कविता संवेदनशीलता और सम्मान के साथ सुनी सराही जाती थी। इंडियन-ऑयल कॉरपोरेशन का मंच था जिसे भावलंकर अडिटोरियम में सुरुचिपूर्वक सजाया गया था। जहाँ तक याद पड़ता है इस कवि सम्मेलन में गोपालदास नीरज, देवराज दिनेश, वीरेंद्र मिश्र, रामावतार त्यागी, राधेश्याम प्रगल्भ के साथ-साथ युवा कवियों में विजयकिशोर मानव, प्रमोद तिवारी, असीम शुक्ला थे तो नव काव्य से जुड़े अजित कुमार एवं इंदुलैन भी थे। इसी कवि सम्मेलन में लालगंज, जिला रायबरेली से डॉ. शिवबहादुर सिंह भदौरिया आए थे।

पहली बार देखने पर भदौरिया जी बहुत ही सामान्य किस्म के पूरी तरह ग्रामीण परिवेश से आए व्यक्तित्व से परिपूर्ण लगते हैं। सहज मिलन सार स्वभाव के कारण बहुत अपने से लगते हैं। उस आयोजन में भी भदौरिया जी सभी वरिष्ठ एवं युवा कवियों से प्रेमभाव से मिल रहे थे। साँवले रंग का सलोनापन और काव्य पाठ की मनमोहकता की बात ही कुछ और थी। इस आयोजन में उन्होंने अपने श्रेष्ठतम गीतों में से एक 'नदी का वहना मुझमें हो' का पाठ किया तो उन्हें काव्य के विशिष्ट स्वर के रूप में सराहा गया। नदी पर रचित हजारों कविताओं और गीतों की मूल संवदेना से नितांत भिन्न यह गीत कवि की सर्वथा उदार मानवीय दृष्टि का द्योतक है। इस कवि सम्मेलन में भदौरिया जी सचमुच ही अपने अकेले कंठ की पुकार की मौलिकता के कारण छा-छा गए थे। ज्यों ही उन्होंने गीत की प्रथम पंक्ति सधे हुए स्वर में सुनाई श्रोतागत दम साधकर बैठ गए :

मेरी कोशिश है
कि नदी की बहना मुझमें हो।
तट से सँटे कछार छने हों

जगह-जगह पर घाट वने हों
टीलों पर मन्दिर हों जिनमें
स्वर के विविध वितान तने हों
मीड़ मूर्च्छनाओं का
उठना गिरना मुझमें हो

अर्थात् ऐसी नदी का वहना हो, जहाँ से कोई प्यासा न लौटे, जिसके तट पर कोई उदास न रहे, जिसके घाट पर हिरन, वाघ, गाय और बकरी एक साथ पानी पिएँ तथा मगरमच्छ, घड़ियाल सभी एक साथ रहें। कवि की यह अत्यंत उदात्त चाहत भला पिसे राहत नहीं देगी। कहना होगा कि भदौरिया जी का यह अकेला ही गीत उन्हें हिंदी साहित्याकाश में ध्रुवतारे का दर्जा प्रदान करता है।

यहाँ यह ध्यान देने योग्य है कि भदौरिया जी आज के तथाकथित लोकप्रिय गीतकारों-शायरों के समान श्रोताओं से आशीर्वाद के रूप में दाद माँगने वाले कवियों में नहीं हैं। उनकी गणना तो ऐसे यशस्वी रचनाकारों में की जाती है जो आशीर्वाद स्वरूप श्रोता को श्रेष्ठ रचनाओं का दान देते हैं।

शिवबहादुर सिंह भदौरिया का लुभावना नखशिल वर्णन डॉ. उपेंद्र ने अपनी पुस्तक 'हिंदी गीत और गीतकार में कुछ इस प्रकार किया है—"साँवला रंग, बड़ी लेकिन उदास आँखें, नाक और होंठों के मध्य का भाग कुछ ज़्यादा ही चौड़ा, छोटी मूँछें भरा हुआ ऊँचा मस्तक, सिर पर पीछे की ओर काढ़े हुए थोड़े-से गंगा-जमुनी केश, गर्दन सिर और कनपटियों पर दुहरा-तिहरा लिपटा गुलबंद, कोट के कालर और मुड्ढ़ों पर विराजमान गाँव की धरती की लाडली धूल, सामान्य कद-काठी, हाथ में चमड़े का पुराना बैग और कंधे पर कंबल—इस हुलिया और वेश-भूषा में किसी शहर या कस्बे के बस अड्डे अथवा रेलवे स्टेशन के आसपास मुसाफिरों की भीड़ से बाहर निकलते और निहायत बेफ़िक्री से लस्टम-पस्टम गति से चलते हुए डॉ. शिवबहादुर सिंह भदौरिया को देखकर यह कदापि नहीं लगता कि यह महाशय हिंदी के मधुर गीतकार हैं और एक डिग्री कॉलेज के प्राचार्य पद को कई वर्षों तक सुशोभित कर चुके हैं।"

हाँ, यही हैं मधुर-मोहक और सदाबहार गीतकार शिवबहादुर सिंह भदौरिया जो अपनी ग्राम्य छवि के साथ-साथ श्रेष्ठ गीत कवि होने की पुष्टि करते हैं। वास्तव में, उत्तर प्रदेश, बिहार, मध्यप्रदेश और राजस्थान जैसे हिंदी बहुल क्षेत्र में कवि सम्मेलनों के मंच पर एक बहुत अधिक लोकप्रिय और आत्मीय नाम है शिवबहादुर सिंह भदौरिया का। उनके व्यवहार में स्वभाव में, रहन-सहन में कहन में जो सादगी है, वह कवि सम्मेलनी कवियों के प्रति एक प्रशंसा भरा सकारात्मक भाव लगाती है। बाकी रही-सही कसर उनका मोहक काव्यपाठ पूरी कर देता है।

भदौरिया जी के गीति काव्य की सर्वाधिक महत्त्वपूर्ण देन है उसमें व्याप्त आंचलिकता का गहरा समावेश। उन्होंने अपने ग्रामांचल, उसके परिवेश, जन व्यवहार

रीति-रिवाजों को अत्यंत सहज ढंग से प्रस्तुत किया है। मानने वाले तो उन्हें गीतों में रेणु का सहोदर मानने में गर्व करते हैं। श्री ओमप्रकाश अवस्थी ने इस तथ्य को इस तरह रेखांकित किया है–"उनके गीतों में शृंगारिकता प्रकृति का आँचल थामकर इस प्रकार चली कि उसका रूढ़ और पारंपरिक रूप प्रकृति जीवन की मानवीकृत अंतरंगता में छिप गया। आंचलिक संस्कृति में देशप्रेम तथा मानवीय अनुभूतियों को प्रकृति के माध्यम से अभिव्यक्त करने की चाल से नए परिवेश और नए मूल्य तथा आधुनिकता सभी को अपने में समेट लिया। कथा साहित्य में जो देश अनुराग फणीश्वर नाथ रेणु के उपन्यासों और कहानियों में आया, जिस प्रकार बिहार प्रांत का पूर्णिया जिला उनके कथा साहित्य में संपूर्णता से बोल उठा, वैसा ही सांस्कृतिक परिवेश वैसवारा की धरती का डॉ. भदौरिया के गीतों में स्वर-साधना करने लगा। यदि डॉ. भदौरिया कथा साहित्य लिखते तो रेणुजी की तरह लिखते और यदि रेणु गीत लिखते तो उनमें भदौरिया जी के वर्ण्य विषय होते।"

उक्त पंक्तियाँ को पढ़कर स्पष्ट होता है कि भदौरियाजी के क्षेत्र वैसवाड़े के लोग, काव्यप्रेमी, साहित्यकार और बुद्धिजीवी भदौरिया जी को कितने ऊँचे मुकाम पर रखते हैं।

शिवबहादुर सिंह भदौरिया के अनेक गीतों में दर्जनों पंक्तियाँ हैं जो आधुनिक हिंदी गीत कविता का शृंगार हैं, मुग्धकारी हैं और बार-बार गुनगुनाने को प्रेरित करती हैं। उनकी सादगी में जो ईमानदारी एवं परिपक्वता है उससे नए रचनाकार बहुत कुछ सीख सकते हैं। यहाँ में भदौरियाजी के गीतों की कुछ चुनिंदा पंक्तियाँ उद्धृत करने का लोभ सँवरण नहीं कर पा रहा हूँ :

संकल्पित खड़े सभी योद्धा
दुविधा में घिरा मैं अकेला
पंख कटे हंसों के आगे
कई वार गिरा में अकेला

पुरखा पथ-से पहिए रथ के
मोड़ रहा है गाँव
ढीले होते कसते-कसते
पक्के घर में कच्चे रिश्ते
जोड़ रहा है गाँव

जहाँ तक बने सच से
दूर दूर रहिए
श्लेष से यथा सम्भव काम लिए रहिए,
बन्धु सदा शब्दों के दाम लिए रहिए,

मुँह पकड़ा जाए तो
अर्थ आड़ गहिए।

माँ ये गीत कहाँ से लाई
किसके पाले पोसे हैं?

परिवेश से जुड़े क्षण
महसूस हुए हैं
कोप भवन में बैठी शक्लों से डरिए
शक्लों पर पहचानी शक्लों से डरिए
सुर्ख फूल चेहरे
मनहूस हुए हैं।

ओढ़े हुए रामनामी-सी
तीर्थ यात्री सपना मेरा
नींद तोड़ने को इतने में
आ पहुँचा बाँहों का घेरा।

कहना होगा कि भदौरिया जी की अनेकों गीत पंक्तियाँ सूक्तियों का काम करती हैं और गीति काव्य कही मनोरमता के अनूठे, विलक्षण चित्र प्रस्तुत करती हैं। ऐसी बहुत-सी पंक्तियों के आधार पर कहा जा सकता है कि भदौरिया जी हमारे दौर के अत्यधिक भावप्रवण, चिंतन प्रधान और प्रभावशाली कवि-गीतकार हैं।

हमारे देश में विभिन्न साहित्यिक, ग़ैर साहित्यिक, सरकारी-ग़ैर सरकारी संस्थाओं द्वारा प्रति वर्ष सैंकड़ों साहित्यकारों को वांछित-अवांछित पुरस्कारों, सम्मानों, अलंकरणों से मंडित-दंडित किया जाता रहा है। नाजायज और सिफारिश रचनाकार निश्चित ही इससे महिमा मंडित होते है और सुयोग्य प्रतिभावान आस्थावान, दंडित। कहना होगा कि ऐसे सम्मान और अलंकरण कई सवालों को जन्म देते है। ऐसे सवाल पूछने वालों को कोई पैसा-वैसा नहीं देता अपितु ख़तरनाक जिंस के रूप में देखा जाता है। भदौरियाजी को अब तक जो भी सम्मान मिले है उनसे सम्मान ही सम्मानित हुआ है, भदौरिया जी को तो महज़ छोटी-मोटी राशि ही मिली है। भदौरिया जी का सबसे बड़ा सम्मान है उन्हें मिला असंख्य श्रोताओं का प्यार एवं दुलार। यही बात उनके मर्मस्पर्शी गीतों के पाठकों के संबंध में भी कही जा सकती है।

डॉ. शिवबहादुर सिंह भदौरिया के काव्य का सबसे बड़ा गुण है उनकी रचनाओं में चित्रित प्रतिबिंबित लोक परिवेश। यही भावस्थली उनके गीतों को प्राणवान बनाती है। ग्राम्य जीवन के सीधे-सच्चे चित्रचरित्र, लोकगीतों में विद्यमान धुनों का मोहक समावेश और कृत्रिमता विहीन भाषा सौंदर्य इन गीतों की जान है। भदौरिया जी के

संबंध में लोकप्रिय युवा गीतकार कैलाश गौतम की यह टिप्पणी पूर्णतः सटीक है—"डॉ. भदौरिया का लोक परिवेश उनके रचनाकार को वाक्स में प्रकाशित समाचार की तरह मुख पृष्ठ पर अलग से रेखांकित-स्थापित कर देता है। अपने मौलिक सहज ठेठ तेवर के चलते परंपरा से चले आ रहे लोकगीत न कभी बासी पड़ते है, न कभी बोझ होते हैं बल्कि आदमी के साथ-साथ हर जगह रचे-बसे दिखाई देते हैं। ऐसा इसलिए कि वहाँ किसी प्रकार की औपचारिकता नहीं है, जितना है सहज है। उसे जानने-समझने के लिए न शब्दकोश देखने की आवश्यकता है, न संदर्भ ग्रंथ।" संभवतः यही कारण है कि भदौरिया जी का व्यक्तित्व और गीत कृतित्व सभी को अपना-अपना-सा लगता है।

यों जीवन के गहन संघर्ष, विसंगतियों के घटाटोप, दुर्दमनीय स्थितियों में भी जीने के लिए सतत प्रयासरत मनुष्य में राग के प्रति अनुराग को भी पूर्ण विराम नहीं, तो अर्द्धविराम की स्थिति तक अवश्य पहुँचा दिया है। मनुष्य काव्यात्मकता अथवा गीतात्मकता से भटककर गद्यात्मक बनता चला गया है। मगर भदौरिया जी ने गीतात्मकता और काव्यात्मकता को छोड़ा नहीं, अपितु ओढ़ा-बिछाया है, जिस पर स्वयं उन्हें ही नहीं; सुधी श्रोताओं को भी विश्रान्ति मिली है। गीतकार श्याम निर्मम द्वारा भदौरिया जी वे संबंध मे कहे गए ये शब्द बहुत हद तक समीचीन प्रतीत होते हैं—"डॉ. शिव बहादुर सिंह भदौरिया के संबंध में सोचता हूँ तो मुझे लगता है कि भदौरिया जी ने एक समर्थ और सशक्त रचनाकार के रूप में काव्य विधा के अंतर्गत गीत, नवगीत में एक विशिष्ट पहचान निर्भित की है।"

'माध्यम और भी' संकलन में भदौरिया जी ने गीत, ग़ज़ल, मुक्तक और 'हाइकु' रचनाएँ देकर अपनी चतुर्भुज प्रतिभा का परिचय दिया है। इस प्रसंग में कवि मधुर शास्त्री उन्हें इन शब्दों में याद करते हैं—"भदौरिया जी मौन-साधक, संकोची, आत्मगोपन में एकांत सुखानुभवी, प्रदर्शन से दूर, सरल सहज जीवन के स्वामी दूरदर्शी कवि हैं। कविता के वे पुजारी है और प्रेमी भी।" खुद भदौरिया जी अपने आत्मकथ्य में अपनी बहुमुखी काव्य चेतना का खुलासा इस प्रकार करते हैं—"दरअसल कविता मुझे कई जन्मों की पहचानी हुई आवाज़-सी लगी जो कभी दूर से, कभी बहुत नज़दीक आकर मुझे पुकारने, बुलाने के अलावा सत्परामर्श भी देती रही है। उसका सर्वाधिक आकर्षक गुण मुझे यह लगा कि वह गाती है और आज छियत्तर वर्ष की आयु में आज भी गाने के लिए मुझे प्रेरित करती है। प्रबुद्ध साहित्यिक मित्र तो मुझे कभी-कभी रोकते-टोकते भी हैं और आगाह करते हैं कि समकालीन वैचारिक जटिलताओं, उलझनों और पदार्थवादी उत्सुकता के कारण गीतिमयता के लिए अवकाश कहाँ है? इस परामर्शों के वरअक्स समरसता और संगति का गीतिमय विकल्प ही वैश्विक विषमताओं और अवांछित तत्त्वों से मनुष्य को मुक्त कर सकता है—ऐसा अटूट विश्वास मुझे जाने-अनजाने दृढ़ता प्रदान करता रहा है।" संभवतः यही दृढ़ता और विश्वास है जिसने भदौरिया जी को गीत से जोड़े रखा और उन्होंने हर स्थिति-परिस्थिति को अपने गीति कौशल

में बाँधने का यत्न किया।

उल्लेखनीय है कि भदौरिया जी का पहला गीत संकलन 'शिंजिनी' सन् 53 में प्रकाशित हुआ था। तब वे मात्र शिवबहादुर सिंह के नाम से लिखते थे। भूमिका में उन्होंने लिखा था—"सुना था किसी को प्रश्रय देकर निर्वाह करना महान आदर्श है, चाहे वह विषवृक्ष ही क्यों न हो। जीवन में प्रेम पहले एक साधारण शब्द के रूप में आया, फिर समस्या बना और अंत में संस्कार हो गया... हाँ पालतू और जंगली कबूतर में केवल इतना ही तो अंतर है कि वह जंगली कबूतर के साथ-साथ उड़कर भी व अपने घर आने का ज्ञान नहीं खोता। मैंने भी कल्पना लोक की सुखश्री बटोर लाने का प्रयत्न किया है किंतु साथ ही धरती की सत्य और कठोर बाँहों पर नीड़ सृजन करना नहीं भूला हूँ।"

उक्त वक्तव्य में पहली ग़ौरतलब बात तो यह है कि कवि ने अपने जीवन में साधारण शब्द के रूप में आए प्रेम की समस्याओं का सामना करते हुए उसे अपना संस्कार बना लिया। और दूसरा आकर्षक बिंदु यह है कि वह कल्पना और सपनों के आकाश में विचरण करने के बावजूद कभी जंगली कबूतरों की तरह आवारा नहीं बना, बल्कि पालतू कबूतर की तरह हमेशा ही नीड़ में, घर में लौट आया। सचमुच ही भदौरिया जी ने प्रेम को संस्कार बना किया और उनके प्रेम गीतों ने भी प्रेम की संस्कारित ही लिया, उसे समस्या के रूप में नहीं देखा।

गीत के प्रति पूर्णतः समर्पित गीतकार असीम शुक्ल भदौरिया जी के अवदान को इन शब्दों में रेखांकित करते हैं—"भदौरिया जी ने आर्थिक और सामाजिक वैषम्यजन्य तनावों के क्षणों में अपने गीतों के माध्यम से एक रागात्मक संसार साकार कर दिया है। यही नहीं, उनके नवगीत मानवीय मूल्यों को भी जनमानस में पूरी-पूरी सुरक्षा प्रदान करते हुए दिखाई पड़ते हैं। परंपरा और आधुनिक समाज की चित्तवृति संयुमित रूप में भदौरिया जी के गीत वहन कर रहे हैं तथा संवेदनात्मक परिधि को व्यापकता प्रदान कर रहे है।" सचमुच भदौरिया जी ने गीत को मात्र गीतात्मकता की रक्षा का माध्यम ही नहीं बनाया अपितु कविता की गहन संवेदनात्मक परिधियों से जोड़ने का काम भी किया है। उनके गीतों को सुनने का आनंद तो है ही पढ़ने में भी अपना पूरा प्रभाव बरक़रार रखते हैं ये गीत। उदाहरणार्थ :

जीकर देख लिया
जीने में कितना मरना पड़ता है
अपनी शर्तों पर जीने की
एक चाह सब में रहती है
किन्तु ज़िन्दगी अनुबन्धों के
अनचाहे आश्रय गहती है

क्या-क्या कहना
क्या-क्या सुनना
क्या-क्या करना पड़ता है।

जीवन के विभिन्न रूपों, ऊहापोहों, समझौतों, चाहे-अनचाहे रिश्तों को निभाने में पीड़ा के अनेक बिंबो को सँजोने वाला यह गीत भदौरिया जी की अनुभव संपन्नता को दस्तावेज़ है।

तीस के जितने भी बड़े कवियों को देखा है, चाहे वे सुमित्रानंदन पंत हों, बच्चन हों, नरेंद्र शर्मा हों, भवानी भाई हों, गिरिजा कुमार माथुर हों, बलवीर सिंह रंग हों सभी को अत्यंत सहज-सरल आत्मीय और गहरा पाया है। शिवबहादुर सिंह भदौरिया भी उसी माला के एक वेश क़ीमती मनके हैं। उनसे जब भी मिलना हुआ है एक निस्कपट, निश्छल, निर्विकार और निरभिमानी व्यक्ति से मिलने का संतोष प्राप्त हुआ है, उनको जब भी सुना है, एक अत्यंत संवदेना प्रवण, मन-प्राण का स्पर्श करने वाले गीतकार-कवि को सुनने का आनंद मिला है और उन्हें पढ़कर लगा है कि उनकी विद्वता आतंकित-आशंकित नहीं, अपितु मुग्ध और आश्वस्त करती है।

–शेरजंग गर्ग

एच-43 (भूतल)
साउथ एक्स पार्ट-I,
नई दिल्ली 110049

गीतांजलि

पुरवा जो डोल गई

घटा-घटा आँगन में जूड़े से खोल गईं।

बूँदों का लहरा दीवारों को चूम गया,
मेरा मन सावन की गलियों में झूम गया,
श्याम रंग परियों से, अन्तर है घिरा हुआ
घर को फिर लौट चला बरसों का फिरा हुआ
मइया के मन्दिर में
अम्मा की मानी हुई
डुग डुग डुग डुग डुग बधइया फिर बोल गईं।

बरगा की जड़े पकड़ चरवाहे झूल रहे
विरहा की तानों में विरहा सब भूल रहे
अगली सहालक तक व्याहों की बात टली
बात बड़ी छोटी पर बहुतों को बहुत खली
नीम तले चौरा पर
मीर की बार बार
गुड़िया के ब्याह वाली चर्चा रस घोल गई।

खनक चूड़ियों की सुनी मेंहदी के पातों ने
कलियों पै रंग फेरा मालिन की बातों ने

धानों के खेतों में गीतों का पहरा है
चिड़ियों की आँखों में ममता का सेहरा है

नदिया से उमक-उमक
मछली वह छमक-छमक
पानी की चूनर को दुनिया से मोल गई।

झूले के झूमक है शाखों के कानों में
शबनम की फिसलन है केले की रानों में
ज्वार और अरहर की हरी हरी सारी है
सनई के फूलों की गोटा किनारी है
गाँवों की रौनक है
मेहनत की बाँहों में,
धोबिन भी पाटे पर हइया हू बोल गई।
पुरवा जो डोल गई।

जीकर देख लिया

जीकर देख लिया
जीने में
कितना मरना पड़ता है।
अपनी शर्तों पर जीने की
एक चाह सब में रहती है
किन्तु ज़िन्दगी अनुबंधों के
अनचाहे आश्रय गहती है
क्या-क्या कहना
क्या-क्या सुनना
क्या-क्या करना पड़ता है।
समझौतों की सुइयाँ मिलती
धन के धागे भी मिल जाते
सम्बन्धों के फटे वस्त्र तो
मिलने को हैं सिल भी जाते
सीवन
कौन कहाँ कब उधड़े
इतना डरना पड़ता है

मेरी कौन बिसात यहाँ तो
संन्यासी भी साँसत ढोते
लाख अपरिग्रह के दर्पण हों
संग्रह के प्रतिबिम्ब सँजोते

कुटिया में
कौपीन कमण्डल
कुछ तो धरना पड़ता है।

सपनों का अंत नहीं होता

सपने जीते हैं
मरते हैं
सपनों का अंत नहीं होता।

बाँहों में कंचन तन घेरे
आँखों-आँखों मन को हेरे
या फिर सितार के तारों पर
बेचैन उँगलियों को फेरे
बिन आँसू से
आँचल भीजे
कोई रसवंत नहीं होता।

सोने से हिलते दाँत मढें
या कामसूत्र के मन्त्र पढें
चाहे ख़िज़ाव के बलबूते
काले केशों का भरम गढ़ें
जो रोके वय की
गतिविधियाँ
ऐसा वलवंत नहीं होता।

साधू भी कहाँ अकेले हैं
परिवार नहीं तो चेले हैं
एकान्तों में चलचित्रों से
यादों के बड़े झमेले हैं
जिसमानी मन के
मेरे बिना
कोई भी संत नहीं होता।

नदी का बहना मुझमें हो

मेरी कोशिश है
कि नदी का बहना मुझमें हो।
तट से सँटे कछार घने हों
जगह जगह पर घाट बने हों
टीलो पर मन्दिर हों जिनमें
स्वर के विविध वितान तने हों
मीड़
मूर्छनाओं का
उठना-गिरना मुझमें हो
जो भी प्यास पकड़ ले फगरी
भर ले जाए खाली गगरी
छूकर तीर उदास न लौटें
हिरन कि गाय कि वाघ कि बकरी
मच्छ, मगर
घड़ियाल
सभी का रहना मुझमें हो
मैं न रूकूँ संग्रह के घर में
धार रहे मेरे तेवर में
मेरा बदन काटकर नहरें
ले जाएँ पानी ऊसर में
जहाँ कहीं हो
बंजरपन का—
मरना मुझमें हो।

इस कथन से उस कथन तक

इस कथन से उस कथन तक देख आया
आचरण ढूँढ़े न मिलता आदमी में।

दूसरों को ढालने के लिए व्याकुल
किन्तु साँए में स्वयं ढलता नहीं है
आज का यह आदमी पारे सरीखा
दिख रहा है तरल पर हिलता नहीं है
इस चरण से उस चरण तक देख आया
संतुलन ढूँढ़े न मिलता आदमी में।

हृदय से वक्तव्य का सम्बन्ध यह है
फूल जैसे तेज कैंची पर खिला हो,
सत्य उस दर्पण सरीखा है अभागा
जो किसी नाराज़ बंदर को मिला हो
इस गठन से उस गठन तक देख आया
संगठन ढूँढे न मिलता आदमी में।

अब अगर ईश्वर मिले तो यह कहूँ मैं
एक मेरा भी ज़रा-सा काम कर दो
जब न श्रद्धा, प्रेम या विश्वास कुछ भी
जिन्दगी का नाम कोई और धर दो
इस नयन से उस नयन तक देख आया
करुण मन ढूँढ़े न मिलमा आदमी में।

इन्द्रधुष यादों ने ताने

इन्द्रधनुष
यादों ने ताने
क्या-क्या होगा आज न जाने!

सिरहाने चुपचाप आ गया
झोंका मिली-जुली गंधों का
अनुगूँजों ने चित्र उकेरा
सटे पीठ से अनुबन्धों का
खिड़की से
गुलाब टकराया
किसने छेड़ा साज न जाने!

आकारों से रेखाओं को
कितना दूर किए देती है
सम्बन्धों के शीशमहल को
चकनाचूर किए देती हैं
अर्थ देह का
बदले देती
किसकी है आवाज़ न जाने!

दुर्दिन महराज

ड्योढ़ी ऊपर
फिर दुर्दिन महराज विराजे
गेहूँ दबे दाढ़ में ऋण की
धान बाढ़ की भेंट हुए
उम्मीदों के बेटा-बेटी
ओढ़ पिछौरो लेट गए
मुँह लटकाए
गहने पहुँचे
बंधक के दरवाज़े।
वत्सल छाती को तीखी-सी
एक छुरी की धार मिली
पिता-पुत्र के बँटवारे में
आँगन की दीवार मिली
मिला मोतियाविंद
सास को
आँख बहुरिया आँजे
पूजा के कमरे में पाढी
आतंकित हो भजन भजे
औसारे दहलीज दुआरे
सो-सोकर कटु वचन जगे
खींचातानी
मनमुटाव है
ढोल नगाड़े बाजे।

वटवृक्ष पारदर्शी

कई पीढ़ियों की
गाथाएँ
मुझमें छपीं सचित्र!

वैशाली-गणतन्त्र सरीखा
नियम-नियन्त्रित गाँव
मर्यादा-चादर के बाहर
दिखे न फैले पाँव
काका-काकी
भैया-भौजी
रिश्ते रहे पवित्र!

बोध गया का परिचय मेरा
डाल-पात फैलाव
हर-राही को छाया टेरे
आओ बन्धु जुड़ाव
पुरखों की ही तरह
लगाओ
मोह-छोह का इत्र!

मेरी पारदर्शिता परखे
बाशिदों की चाल
कब किसके घर सेंध कटी है
कौन हुआ खुशहाल
खिला करे अब
घर-जँवार का
बदला हुआ चरित्र!

बैठ लें कुछ देर आओ

बैठ लें
कुछ देर आओ
झील तट पत्थर-शिला पर।

लहर कितना तोड़ती है
लहर कितना जोड़ती है
देख लें
कुछ देख आओ
पाँव पानी में हिलाकर!

मौल न कितना तोड़ता है
मौल न कितना जोड़ता है
तौल लें
औक़ात अपनी
दृष्टियों को फिर मिलाकर!

मुझसे नहीं रहा जाता है

बिना तुम्हारी
छवि को देखे
मुझसे नहीं रहा जाता है!

केवल प्राण बना देने से
काम अगर चल जाता विधि का
तो करता क्यों सृजन बताओ
इतनी अनुपम तन की विधि का
कोई कहे
रूप को माटी
मुझसे नहीं कहा जाता है!

मेरे तन-मन प्राण एक है
मैं न कर सकूँगा बँटवारा
जिससे भी संभव होता हो
बड़ी खुशी से करे किनारा
बिन जल की
नदिया में मुझसे
बिल्कुल नहीं बहा जाता है!

है ज़रूर प्राणों औ' छवि में
समझौता कोई आपस में
एक बार जो रूप विहारे
रह न जाए फिर अपने बस में
जिन बाँहों से
गहा गुणी को
निर्गुण नहीं गहा जाता है।

दर्द की पहचान

कर चुका जिस पर निछावर
सभी खुशियाँ
एक ऐसा दर्द मेरे पास भी है।

दर्द से पहचान जब मेरी हुई थी
इस तरह पहले कहाँ मुझसे मिला था
यह मिला तो हृदय के निर्मल सरोवर
में सहस्रों कमल-दल जैसा खिला था
कुछ दिनों से
झरे पत्तों का बगीचा
फिर कभी लगता कि यह मधुयास भी है।

दर्द यह इतना कभी बेचैन करता
ज्यों विकट तूफान सागर को हिलाए
शांति का अस्तित्व जैसे एक पल को
अतल जल गहराइयों में छटपटाए
डूबते क्षण किन्तु
यह अनुभूत होता
सप्तरंगी इन्द्रधनु का हास भी है!

है बड़ा मौजी कि मुझसे भी छिपाकर
इस तरह मेरे हृदय में पैठ जाता
डाल टूटा पात ज्यों आधी निशा में
भूमि पर चुपचाप आकर बैठ जाता
फूल-सा हल्का
कभी लगता, कभी यह
भारवाही वज्र का इतिहास भी है!

यह कभी व्यवहार यों करता कि कोई
ख़ास दुश्मन भी किसी का क्या करेगा
और इसके आगमन में जो मज़ा है
स्वर्ग का सुख मुद्दतों पानी भरेगा
यह कभी दिखता
कि जैसे है पराया
फिर कभी लगता कि अपना ख़ास भी है।

अँजुरी भर पानी

अँजुरी दो
अँजुरी भर पानी
बाक़ी प्यास दिए रहना!

सदा सुहागिन रहे व्यस्तता
नैभित्तिक कर्मों को करते
लेकिन मैं गाने आया हूँ
होश रहे मरते-मरते
गीत गूँथने
गाने भर का
कुछ अवकाश दिए रहना!

पैर उधर ही जाते दीखें
जिधर चाहते हों वे जाना
हाथ उसी की ओर बढ़े हों
जिसे चाहते हों वे पाना
चोट हमारी हो जड़ता पर
यह एहसास दिए रहना!

जाने वाला जान चुका है
जिसको भुज भर भेंटेगा
संध्या समय सूर्य कोई हो
साये सभी समेटेगा
मरने पर भी
जीने लायक़
कुछ इतिहास दिए रहना!

प्रश्नों के घेरे

माँ!
ये गीत कहाँ से लायी
किसके पाले पोसे हैं?
कब से यह कोढ़ही कोढरी
गोद लिए है नाँदे हड़की
माठी के मटके बेमुँह के
चरपइयाँ भी आधे धड़की
मइया!
कहाँ छिपाकर तूने
तोशक तकिए खोंसे हैं?
कसकुट की नकटी बटलोही
गगरे वही कलमुँहे छोटे
डेढ़ टाँग की नक़ली शम्सी
काठ कठौती पिचके लोटे
सोने की थाली में
जननी!
कब ज्योनार परोसे हैं?
कुछ उजरौही गई दूध की
इतना पानी मिला रही है
लौंगन डोभी पान पचीसी
तू बरसों से खिला रही है
मेरी सुध में
खैनी खाकर
बापू भजन भरोसे हैं!

सँकरे गलियारे

टकराती देह बहुत सँकरे गलियारे
कैसे चलना होगा
हाँक बिना मारे!
दस्तक देने पर भी द्वार नहीं खोले,
पीठ ओर होते ही गूँगापन बोले
कोलाहल में डूबी दर्द भरी आहें
दिखती हर ओर उठी ललचाली बाँहें
हानि-लाभ के
बढ़ते जाते अँधियारे।
आ गएं वहाँ पर हम तेज़ जहाँ धारा
रखते ही हाथ धार बन गया किनारा
लगते हैं पाँव जबकि सेतु घसक जाएँ
पार उतारेंगी फिर कौन पताकाएँ
ऊब रहे प्राण
इन बहावों के मारे।
कुछ न करे तृष्णा पर बैठी पगुराए
बिन पूछे दर्द छतों पर पतंग उड़ाए
बौद्धिक षड्यन्त्रों के अंघड़ है उड़ते
नफ़रत के बालू कण आँखों में गड़ते
जन जन अवतार धरे
शक्ति को उतारे
क्या होगा काम एक राम को पुकारे?

छाँव ताड़ की

छाँव ताड़ की
घर शीशे का
        हर पड़ोस पथराव।
हक बैनामे
फर्जी पट्टे
लिखवाते हैं
क्रान्ति कट्टे
        लोकतन्त्र लठियाव।
मदिरालय में
टूटें रस्में
न्यायालय में
झूठी कस्में
        बहस बाढ़ दरियाव।
धूप और लोबान
सयाने
पूजा नयी
प्रसाद पुराने
        भेदभाव टकराव!

दुविधा के वृत्त

संकल्पित
खड़े सभी योद्धा
दुनिया में घिरा मैं अकेला।

जितना भी देख सकी आँखें
पश्र पुण्यहीन दिखी शाखें
उजड़े संदर्भों में खोया
माथा पकड़े भविष्य रोया

पंख कटे
हंसों के आगे
कई वार गिरा मैं अकेला।

सन्नाटे का साहस छूटे
घुरीहीन रथ पहिए टूटे
कौन कटे पंखों को चीन्हे
माँस नोचती लड़ती चील्हें

रक्त के समुद्र में
निराश्रित-सा
कई बार तिरा मैं अकेला!

हवा बड़ी बदजात

कोई राग
न बूझे मिलता
बजे वेसुरी ताँत!
टँगे अलगनी के कपड़ों को
गन्दी नाली में पहुँचाया
फेंक गई कूड़ा आँगन में
खुली खिड़कियों को हड़काया
अस्त-व्यस्त
कर गई वस्तुएँ
हवा बड़ी बदजात!
नई व्यवस्था तुझे बधाई
नस्ल दबंगों की उपजाई
तेरी पुण्य कोख से उपजे
कर्ज़ कमीशन जुड़वा भाई
सुविधा-शुल्क
लिए बिन दफ़्तर
करे न मुँह से बात!
अनुदानों के छत्ते काठे
आपस में अमलों ने बाँटे
ग्राम विकास बही खाते में
दर्ज हुए घाटे ही घाटे
थोड़ा उठे
गिरे फिर 'होरी'
धँसे उठा रह हाथ!

बहरे सीमांत

बहरे
सीमांत हुए
अंधी स्वीकृतियों के!
इधर सिर्फ गुलदस्ते
जड़ों की विसात नहीं
उधर जड़ें सिर्फ जड़ें
नया फूल पात नहीं
नए या पुराने
हों
छोर नहीं अतियों के।
धर्म वहाँ कर्मों के
घर से निर्वासित है
और यहाँ वर्गों में
आदमी विभाजित है
पश्चिम
या पूरव
अनुबन्ध विसंगतियों के!
बर्फ की हथेली पर
अग्नि पिंड रखने दो,
रेत-रेत रिश्तों को
धाट-धाट बहने दो
बजने दो
वाद्य-यन्त्र
समरस संस्कृतियों के।

दूर-दूर रहिए

जहाँ तक बने
सच से
                    दूर-दूर रहिए!
श्लेष-से यथासंभव
काम किए रहिए
बन्धु! सदा शब्दों के
दाम लिए रहिए
मुँह पकड़ा जाए
तो
अर्थ आड़ गहिए!

गहराई के तल में
जाने से क्या है?
वहाँ दबी जीभें हैं
पाने से क्या है?
सीप शंख
घोंघों के
संग संग वहिए।

अपराजेय तेज

उँगली पकड़ी
और समय को
चलना सिखा दिया।

स्वागत किया सदैव हृदय से
खुली खिडकियों वाले घर का
दुर्योधन कानों की ख़ातिर
आवाहन पांचाली स्वर का
हर क़ीमत पर
निर्बल के
कर गहना सिखा दिया।

अपराजेय तेज के तेवर
भूल नहीं पाएँगी सदियाँ
अंतस्तष से बही निरन्तर
मानवीय सम्वेदन नदियाँ
टकराकर
हर पत्थर मन को
बहना सिखा दिया।

भटकी यात्राओं को सौंपे
तोहफे साफ़-साफ़ निर्णय के
भेंट किए संकल्प करों से
क्रूर निशान बनैले भय के
जग में
स्वाभिमान से
श्रम को रहना सिखा दिया।

पछताती रह गई मनुजता
एक प्रमादी अधम भूल पर
रक्तिम सूरज रूप चढ़ गया
काल पुरुष के शीर्ष चूल पर

चरण न रोके
और मरण को
मरना सिखा दिया।

कुहासे की शिलाएँ

एक दो हों तो
उन्हें लिखकर बताएँ
व्योम-तारों-सी भरी मुझमें व्यथाएँ!

यात्रा प्रारंभ से मैं हूँ अकेला
दृष्टि के हर ओर भारी है झमेला
दिन बहुत पैने, नुकीले, रात कातर
थरथराते हिचकियों में बोल-आखर
दूर हैं वे दीप्त
कर्पूरी शिखाएँ
भिद नहीं पाती कुहासे की शिलाएँ!

इस तरह निरुपाय व्याकुल है जलन में
आग ज्यों लग जाए निर्धन के सदन में
दे रहा पवमान लपटों को बढ़ावा
लोग करते हैं बुझाने का दिखावा
तब तलक
इस ओर की लपटें बुझाएँ
बन्दरों-सी कूद वे इस ओर धायें!

ज़िन्दगी कठिन तेवर तेरे

ज़िन्दगी
कठिन तेवर तेरे
फिर भी वे मुझको आए हैं!

जोगन-सी बहते पानी-सी
तू विस्मृत एक कहानी-सी
हर शकुन्तला की उँगली में
अभिशप्ता एक निशानी-सी
जैसी भी है
जो कुछ भी है
हम तुझको गले लगाए हैं!

पिजंड़े में फँसकर भी देखा,
विपदा में हँसकर भी देखा
देखा है तट के वृक्षों को
धारा में धँसकर भी देखा
अपने पाँवों के
बूते फिर
कीचड़ से बाहर आए हैं!

तेरे संग सोया-जागा क्यों
यह राह रस्म बेनागा क्यों
तुझको साँसो में भरकर मैं
ईश्वर के घर से भागा क्यों
यह भेद
अभी खुल सकता है
लेकिन हम इसे छिपाए हैं!

यही सिलसिला है

नज़दीकी रिश्ता है
लेकिन
बहुत फासला है!

'कुशल-श्रेम' पूछा था उसने
कृत्रिम-सा हँसकर
मैं भी चलता बना, दबे मन
'अच्छा हूँ' कहकर
कभी-कभी का नहीं
रोज़ का
यही सिलसिला है।

अपने घर में डसे सर्प-सा
निपट परायापन
बातों के लुव्वोलुबाव में
गुणा-भाग, ऋण-धन
पुत्र गरज कर कहे
पिता से
मुझे क्या मिला है?

तहज़ीबी ख़ाली जेबों में
भरी मुरादें है
चादर देख पाँव फैलाना
पिछली यादें हैं
उधर
ज़रूरत की तफ़सीलँ
इधर मुँह सिला है।

सुनता हूँ तुम कहते जाओ

सुने गए
पर, दिखे नहीं हैं
दीवारों के कान।

फिर से ज़रा देख तो आओ
अपना पूरा गेह
चिपकी हो न छिपकली जैसी
कोई दुबकी देह
छुपे द्रोह से
ज़्यादा क़ातिल
चुप्पी छुपी कृपाण।

नीली लाल रोशनी वाले
मुँह नोचवा में खैर
गर्दन तक वह नाप ले गया
छूकर केवल पैर
दहशतगीर
छिपा रुस्तम है
अभिनय पटु श्रीमान।

तुम प्रसंगत बोल रहे हो
सद् ग्रन्थों से तात
राजनीति के चौड़गरे में
शर्म-हया की बात
सुनता हूँ
तुम कहते जाओ
कहना है आसान!

हीरे की एक कनी भी थी

यादों के काँटे
चुभें अगर
विस्तर रेशमी निरर्थक है।

विच्छेद विदा के पल तीखे
विच्छुरित हाथ हिलते दीखे
वह दूरगता अनुगता हुईं
अनुभव विदग्ध हो हम सीखे
यह प्रणय
प्राण में पीड़ा का
युग-युग से प्रबल प्रवर्तक है।

क़िस्मत से खूब बनी भी थी
क़िस्मत से खूब ठनी भी थी
मुट्ठी भर धूल लिया उसमें
हीरे की एक कनी भी थी
धोने में
गिरी नदी जल में
फिर मिली नहीं वह अब तक है।

कहा कि सबकी पीड़ा गाओ

मुझको देकर
घुनी बाँसुरी
कहा कि सबकी पीड़ा गाओ।

कितना हुआ अनादर सचमुच
मेरे मन में जमी साख का
हाथ दिया चेतना-पुँज को
ढेर समझकर सिर्फ राख का
वेशुमार
पीड़ाएँ देकर
कहा कि सबका मन बहलाओ।

मैं खुश भी हो जाऊँ तो भी
क्या आजाएगी खुशहाली
जब तक मेरे इर्द-गिर्द है
ये मुरझाए चेहरे खाली
अन्तहीन
गीलापन देकर
कहा कि सबके अश्रु सुखाओ।

प्यास नहीं वेदाग़ बचा जो
नफ़रत से टकरा न गया हो
कोई कोना नहीं कि जिसमें
अँधियारा गहरा न गया हो
बुझी-बुझी रोशनी
देकर
कहा कि अब प्रकाश फैलाओ।

जो घर का छप्पर छा जाए

यूँ रंग दिखाने वाला तो
हर बादल का मन है
लेकिन जो जल बनकर बरसे
उसका अभिनन्दन है।

मैं बात वही कहता जिसकी
दे रहा गवाही दिल
राही वह जिसकी
रोज़ खिसकती जाती हो मंज़िल
जो तन को राख बनाकर
ढँकते मन के अँगारे
वे जन अम्बर से बड़े
और तारों से भी प्यारे
यों अपने दुख का बोझा तो
सहता हर जीवन है
लेकिन कंधे तो वही कि जिन पर
सबका क्रन्दन है

कब कहाँ किसी की
प्यास बुझाई गहरे सागर ने
किसको धारण कर लौटाया बोलो नन्हीं गागर ने

तम से घबराकर संझा को
जब सूर्य तले कँपने
धरती का भार संभार लिया
माटी के दीपक ने
यूँ तो कहने-सुनने को अनुपम
नन्दन-कानन है
जो घर का छप्पर छा जाए
वह तिनका चन्दन है।

ख़ामोशी से संवादों तक

ख़ामोशी से संवादों तक
मायूसी से उन्मादों तक
मेरी निजता खोयी-खोयी, औरों की भी खोयी होगी।

जैसे धूनी से पास कहीं
धीमे से खनक जाय कंगना
जैसे वन में चमके बिजली
लेकिन दिख जाय वही अँगना
अमृत से लेकर हाला तक
मृगनयनी से मृगछाला तक
मेरी दृढ़ता खोयी-खोयी औरों की भी खोयी होगी।

अनगिनत सलामी लेकर ज्यों
अनजाने ध्वजा झुके कोई
मीलों अँधियारी गुफ़ा बीच
ज्यों चलती ट्रेन रुके कोई
सँत्रासों से उल्लासों तक
वनवासों से रनिवासों तक
मेरी प्रभुता खोयी-खोयी औरों की भी खोयी होगी।

कारारा में भी कोहबर जैसी
झकझोर सुनायी देती है
मरघट में भी पनघट जैसी
हिलकोर सुनायी देती है
भुजबन्धों से इकतारों तक
तटबन्धों से जलधारों तक
मेरी शुचिता खोयी-खोयी औरों की भी खोयी होगी।

क्या कहने ऐसी यादों के

जिन्हें याद कर
कुछ न याद हो
क्या कहने ऐसी यादो के।

जब भी आ जाती हैं यादें
वोझिल कर्म छूट जाते हैं
जैसे जब आँधी आती है
दुर्बल पात टूट जाते हैं
बोल सन्तुलन के
हितकर हैं
पल्ले पड़े न अपवादों के।

जब वरदान लगे थे बँटने
मैंने ऐसा आँगन माँगा
मैं अतृप्ति से ब्याह रचाऊँ
कंगन बँधे बिरह का धागा
मेरा ही साहस है जिसने
गाँव जलाए फरियादों के

अब यात्रा के विकट मोड़ पर
मेरी अजब पसन्द हुई है
मैं अबोध बोलों को सुनता
भावुकता निर्बन्ध हुई है
मैं
पीछे-पीछे भगता हूँ
अर्थहीन कुछ संवादों के।

जाग्रत दर्द

जिस दिल से
जाग्रत दर्द न मुझ तक आए
मैं समझ गया तुम हो ज़रूर बिसराए।

जब प्यास तड़पती थी प्यासी मछली-सी
मैं इस जीवन की सत्ता पर पछताया
औ' एक हवा के झोंके जैसा वेसुध
नद, निर्झर, पोखर, सागर तक भरमाया
पर, तृषा तृप्ति की
भाषा सीख गईं नव
अनुरक्ति माँगती क्या आँचल फैलाए?

जब होंठ-रंगे थे गीतों की काली से
कोयल का काला तन भी वह सुन्दर था
जब तक न बनी थी मन्दिर की दीवारें
यह देव मूर्ति का पत्थर भी पत्थर था
जब समझ गया
सच्ची सुदरता गुण है
तो मोह रूप का क्यों पथ से बहकाए

वैसे तो सुख-दुख दोनों को जीवन में
मैंने अपना माँ-बाप समझकर माना
औ' श्रवण कुमार सरीखा निर्भय होकर
कंधे पर काँवर घर कर चलना ठाना
लेकिन जब मेरा
प्रण छलने की ख़ातिर
घन-घुने चाँद ने सुधि के तीर चलाए।

था कौन हृदय जो एक गीत को मैंने
उस रोज़ सुनाया दर्द भरे किस स्वर से
सब सुनने वाले बोले बेखुद होकर
वह चरण आख़िरी दुहराना तो फिर से
मैं लगा सोचने
मन ही मन घबरा कर
इस बार पता क्या दर्द न उतना आए।

परिवेश से जुड़े क्षण

परिवेश से
जुड़े क्षण
मायूस हुए हैं।
कोप भवन में बैठी
अक्लों से डरिए
सड़कों पर पहचानी
शक्लों से डरिए
सुर्ख फूल चेहरे
मनहूस हुए हैं
परिचय के फूलों की
गन्धहीन छुअनें
पथराई नरम-नरम
त्वचा की सिहरनें
हम एक दूसरे के
जासूस हुए हैं
रिश्तों के पुल टूटे
जंगली सफ़र में
हाथों से तट टूटे
बह रहे भँवर में
हम सिवार जैसे
महसूस हुए हैं।

टेढ़ी चाल ज़माने की

सीधी
सादी पगडण्डी पर
टेढ़ी चाल ज़माने की।

सब हकीकत मेरे आगे
जिसकी शक्ल कसाई-सी
एक हकीकत पीछे भी है
'ब्रूटस' की परछाई-सी
ऐसे में भी
बड़ी तबीयत
मीठे सुर में गाने की।

जिसपर चढ़ता जाता हूँ मैं
पेड़ है एक थर्राहट का
हाथों तक आ पहुँचा सब कुछ
भीतर की गर्माहट का
जितना ख़तरा
उतनी खुशबू
अपने सही ठिकाने की।

आकर्षण

पतझर में कुछ आकर्षण है
लौट-लौट जो मधु उद्धतु आए।
आकुल धरती से उड़ पंछी,
जब अम्बर के छोर न जाते
और ग्रीष्म के कोलाहल से
सरि, सागर, उपवन जल जाते
तब भी कुछ तृण बच जाते हैं
जिनके लिए श्याम घन छाए।
प्रिय-दर्शन के चिर अभाव में
जब हर ओर धुआँ मँडराता
पुस्तक, प्रकृत्ति, ध्यान चिंतन में
कुछ संगीत नहीं मिल पाता
तब भी कुछ क्षण आ जाते हैं
जिनमें स्वर्ग छोड़ स्वर छाये
उलझन के रंग रात रँगी हैं
सात तरह के सात दिवस हैं
चन्द्रकला से नित्य नए दुख,
जबसे प्राण हुए परवश हैं
फिर भी कुछ जन इस दुनियाँ में
जिनसे लिपट भूल दुख जाए।

कुछ छवि है अम्बर के ऊपर
रवि, शशि, नखत, दरस हित जाते
किन्तु धरण्यि पर भी कुछ ऐसा
जिसके कारण वापिस आते
कुछ धन है अवश्य जीवन में
जिसके लिए मरण ललचाए।

फिर मिले तुम

फिर मिले तुम
कमल मेरे
ओस में धोए हुए से।

दृष्टि कोई खोजते से
देर से कुछ सोचते से
तोड़ते तिनके कभी फिर
तुम नखों को नोचते से
लग रहे हो
बहुत अपने आप में
खोए हुए से।

प्राण हो जैसे अगिन पर
चरण हो जैसे तुहिन पर
तुम मिले पतझर सीखे
वस्त्र ऋतुपति के पहिन कर
मुस्कराने इस तरह
ज्यों
जन्म भर रोए हुए से।

जागरण है, स्वप्न है यह
नींद की ही रीति कोई
दृष्टि ही यह दिख रही है
या अनामा सृष्टि कोई
हर तरह से जग रहे हो
सब तरह
सोए हुए से।

पत्थर समय

जन प्रतिनिधि के
पास क्या नहीं
यह पूछें तो ठीक।

हर विभाग के हर ठेके के
वे ही ठेकेदार
चीख़ दबाकर सभी प्रजा जन
करते जय जय कार
तह में पहुँचें
तह तिलिस्म है
समझें मियाँ रफीक़!

उनके नारे, झण्डे उनके
तम्बू और कनात
वे जुबान से कुछ भी कह दें
लाख टके की बात
पत्थर समय
प्रणेताओं के
वे सिरमौर प्रतीक।

उखड़ी सड़क राहगीरों से
कहें मर्म की बात
यह बछिया अनुदान-दान की
क्यों गिनते हो दाँत
वाजिब है
विकास कार्यों में
जनगण रहे शरीक।

पाँवों में वृन्दावन बाँधे

जब तुम दिखे
चाँदनी छिटकी
   मन मेरा आकाश हो गया।

तारे-तारे गुँथे कथानक
रात महकने लगी अचानक
जब तुम हँसे
फुलायी बेला
मन मेरा मधुमास हो गया।

खिला कदम्ब दृष्टि में साधे
पाँवों में वृन्दावन बाँधे
शब्द स्वरों में
घुली बाँसुरी
मूर्च्छित-सा इतिहास हो गया।

शक्लों के गठबन्धन टूटे
अर्थों के निर्देशन छूटे
जब तुम मिले
भुजा बौरायी
संज्ञा का आभास सो गया।

रस उद्वेलित वर्तुल-टूटा
देह गेह का साथ न छूटा
जब तुम बिछुड़े
काया जागी
होने का एहसास हो गया।

एक सवाल कि जीवन क्या है

एक सवाल
कि जीवन क्या है?
पूछा गया नदी के तट से।
तट ने कहा कि मेरे ऊपर
भाँति-भाँति के जीवन चलते
निष्क्रिय खामोशी में हम तो
केवल चर्चाओं को सुनते
जीवन में रहकर
जीवन से
पूरी तरह गए हैं कट से।
सन्त महन्त मनीषी आते
भक्त भजनिए निर्गुण गाते
पानी का बुंलबुला जिन्दगी
एक यही निष्कर्ष सुनाते
औरों का सच
सुनते-सुनते
अपने कान गए हैं फट से।
तट कुछ और कहे कि अचानक
पवन चला नदिया लहरायी
एक लहर थी ढीठ ग़ज़ब की
ताकत भर तट से टकरायी

ओंठों पर
प्रतिवाद भंगिमा
जल की जीभ खोल दी झट से।
रुकने पर लगता कि नहीं हूँ
गोकि देह में श्वास-श्वसन है
चलते रहते तो लगता है
मैं हूँ और यही जीवन है
मेरा सत्य
बता दो जाकर
हर आँगन से, हर चौखट से।

अपनी असंगतियों में

महानगर, नगर या कि गाँव,
कल-कूजन कहीं नहीं—
सिर्फ काँव काँव!

बड़े-बड़े स्टूलो पर
खड़े कर दिए,
बौने बड़े कर दिए
क्या होगा रखकर
अंगद के पाँव?

एक संकल्प

अब न
अपने आपसे
में छल करूँगा

कठिन सत् की भूमिका से
अधिकतर
यूँ मुक्ति पाई
जिस तरह भयग्रस्त होकर
ओढ़ ले
कोई रजाई;

अब न
जीवन-प्रश्न कोई
इस तरह
मैं हल करूँगा।

महानगर का कमरा

गाँव से भगा लेकिन
यहाँ भी नहीं सँवरा।

चला गया सूर्य रोज़
चौड़ी सड़कों वाले छज्जों पर
धूप को बिखेर कर
क्या करने आता
सँकरी गलियों वाली
सीलन से भरा हुआ महानगर में कमरा।

चलते क्षण नाई जो दिखा गया आरसी
व्यर्थ दही, अक्षत सब
झूठा हुआ ज्योतिषी
वैसे ही शनि का प्रकोप ज्यों का त्यों ठहरा।
जाड़े की रात कटे
चर्या कर धान के पुआलों की
नल के नीचे ग्रीष्म का स्नान
करे याद भर तालों की
वर्षा में
डग डगा अखाड़े का
आज भी नहीं विसरा।

ग़ज़लें, मुक्तक एवं हाइकु

याद आते हो तुम

याद आते हो तुम इस तरह आजकल
जैसे गंगा में तिरता हो कोई कमल

दिल की दीवारों फिर टूटने को हुईं...,
होंठ तक आने वाली है कोई ग़ज़ल

आँख मलने का कैसा बहाना किए,
हम ढहाते रहे आँसुओं के महल

अर्थ के सिन्धु में शब्द-सा कूदते,
आपको मैंने देखका थापहले पहल

पँखुरी पँखुरी चढ़ गई मूर्ति पर,
डाल पर खिलने का अब नहीं कोई हल

दो अगरवन्तियाँ साथ सुलगाइए,
भस्म में ही सही देख लें योगफल।

कहिए कि बच गए हम

कहिए कि बच गए हम बरवाद होते-होते
वर्ना हुआ न क्या-क्या आबाद होते-होते

अच्छी अगर न लगती झन्कार बेड़ियों की
ज़ंजीर क्या पहनते आज़ाद होते-होते

हाँ, जानकारियों के जमघट जुड़े थे मुझमें,
भूले हैं यकबसक हम कुछ याद होते-होते

आया तो वो सिमटकर अक्सर ग़ज़ल के भीतर,
फिर क्यों छिटक गया है इरशाद होते-होते

कभी अर्थ लापता है, कभी शब्द खो गए हैं,
कभी मूर्ति मिट गई है सम्वाद होते-होते।

उँगली पकड़ के ग़म की

उँगली पकड़ के ग़म की चलता हूँ इसलिए,
दुनिया की भीड़ में कही ग़म ही दग़ा न दे

जज़्बे का ये इज़हार मेरा ख़ास, बहुत ख़ास
कमज़र्फ़ ज़माना कोई तोहमत लगा न दे

गुमसुम जो खण्डहरों में बैठी है सिसकियाँ,
चिड़िया समझ के इनको ज़ालिम भगा न दे

यह राज़ मुद्दतो का क़लमबन्द तो किया
डर है ज़ुबान आदतन इसको भी गा न दे

आहिस्ता गा रहा हूँ ग़ज़ल-गीत जो भी है,
सोए जो दर्द उनको तकल्लुफ जगा न दे।

कभी सुख में उछाले है

कभी सुख में उछाले है, कभी दुख में झुलाता है
पिता जैसे कि हाथों से कोई बच्चा खिलाता है

ग़मे दौराँ में वह जो शख़्स सचमुच ठोस लोहा था
ग़मे हिज्राँ में नम नज़रें ज़माने से छिपाता है

अयाँ चेहरे रो है उसके कशमकश लफज़ो मानी की,
चलो देखें कि ऐसे में वो कैसे गुनगुनाता है

जहाँ पर शक्लो बोली के मरहले खत्म होते हैं
वहाँ से भी नमूज़ेहक़ मुझे अक्सर बुलाता है

शिवम् औरों से मिलने के हनारों मौक़े देता है
मगर वह खुद से मिलने में अभी खुद को बचाता है।

हमारे हर क़दम पर हमक़दम की आहटें भी हैं
अजब पोशीदा हिकमत से वो रिश्ते को निभाता है।

मैं ही बिंधने को हूँ बेहाल

मैं ही बिंधने को हूँ बेहाल ये जाना जाए
शर्त यह है कि कोई जाल न ताना जाए

साँस के पेड़ पै शब्दों की चहकती चिड़ियाँ
मेरा सुनना मेरा सुर-ताल न माना जाए

पंख नुचते हुए देखा है तड़पता हारिल,
मेरे देखे को मेरा हाल न माना जाए

मेरी अभिव्यक्तियाँ सम्भव है कई रंग बदलें,
मेरी बातों को बहरहाल न माना जाए

हाथ मेरा मेरी परछाई ने थामा होगा,
छाँव छूना सुएविसाल न माना जाए

घुटनों पै टिका माथा

घुटनों पै टिका माथा प्रतिरूप है जलन का
घूँघट उलट गया है किस दर्द की दुल्हन का

शायद पुरानी छत की कोई कड़ी गिरी है,
थर्रा रहा है पूरा परिवेश ही भवन का

सोने का हिरन जब तक आँखों को लुभाएगा,
ख़तरा ख़तम न होगा वैदेही अपहरण का

कुछ बाज़ कुछ कबूतर, पंजे हैं गरदने हैं
क्या पूछते हो हमसे क्या हाल है चमन का

सौ बार पगड़ी बाँधे इक बार सिर झुका तो,
आ़ता नहीं बदन में फिर बाँकपन बदन की

इस दौर की हवाएँ अच्छी नहीं शिवम् जी,
अन्दाज़ कुछ बदलिए पारम्परिक कहन का।

आघात आँधियों के

आघात आँधियों के हर पेड़ पर पड़े हैं
जिनकी जड़ें हैं गहरी वे आज भी खड़े हैं

किस घाट थी पहुँचनी किस घाट आ लगी है,
अब नाव के मुसाफ़िर इस सोच में पड़े हैं

हैं देखने के लायक़ ऊँचाइयाँ हमारी
इस वक़्त हम अहम् की मीनार पर खड़े हैं

घुटनों से अधिक पानी दिखता तो नहीं फिर भी
क्या बात है नदी में डूबे बड़े-बड़े हैं

दिन के उजाले ज़्यादा गुलज़ार हो रहे हैं
वे लोग अँधेरों से बेकार ही लड़े हैं

यूँ तैश में उछलकर बोला शिवम् से पानी
क्यों फेंकते हो मुझको, औंधे हुए घड़े हैं।

आँगन से डाकुओं की

आँगन से डाकुओं की निकली है टोलियाँ भी
दरवाज़े साधुओं की सुन पड़ती बोलियाँ भी

हम ऐतबार तेरा, किस तौर करें दुनियाँ,
खैरात बाँटती है, टाँगें हैं झोलियों भी

खुशहाल निगाहों ने क्या-क्या नहीं चुराया
बेबस फटे दुपट्टे लाचार चोलियाँ भी

सीने मिले हुए हैं सौ फासले दिलों में
क्या-क्या मखौल करती ये ईद होलियों भी

संगीत की हदों को अब पार क्या करेंगे
ऐसे हैं कुछ इलाक़े गाती है गोलियों भी

इस रेत की नदी में जो है उसी में जी लें,
पानी तलाशती हैं, पागल हैं मछलिएँ भी।

असली के दाम देकर

असली के दाम देकर नकली-सी चीज़ लेकर
बाज़ार से लौटे हैं ग़मख़्वार खीज लेकर

या तो बदन को काटें, या शौक़ से पहन लें,
आया है वक़्त ऐसे कुरते-कमीज़ लेकर

ये सज़्दागाह से भी निकले हैं सर उठाकर
पैदा हुए हैं जाने कैसी तमीज़ लेकर

अब झाड़ फूँक वाले हर मोड़ पर खड़े हैं
कुछ कीजिए न हासिल गंडे तबीज़ लेकर

जो खेत आपके हैं हमवार तो नहीं हैं
फिलहाल क्या करेंगे गेहूँ के बीज लेकर?

इस दौरे में न सम्भव सत्ता के बिना सेवा,
मैदान में उतरिए भाई-भतीज लेकर।

पल भर में बात

पल भर में बात तह की वह जोड़ता सतह से
चाहे जिधर से घेरे डरता नहीं जिरह से

उस पर गुरेजी आँखें झपटी हैं तेंदुओं-सी
बच तो गया है शायद ग़ैबी किसी वजह से

पर्वत पै चढ़ रहा है, पर जिस्म सुन रहा है,
कितना लुढ़कना होगा फिसला जो इस जगह से

जिनकी भी वारदातें वे घूमते सड़क पर
अन्दर वही गए जो घायल बुरी तरह से

जिनके न आगे पीछे संरक्षकों के साए,
जीते हैं ज़िन्दगी को वे भी किसी तरह से।

वे हाथ जो उठे हैं

वे हाथ जो उठे हैं पर हाथ नहीं है
वे साथ तो चले हैं पर साथ नहीं हैं

संदिग्ध बम परीक्षण ध्वंसक मिसाइले हैं,
दुनियाये तमद्दुन के हालात नहीं हैं

चक्कर हमारे भीतर किसी तेज रोशनी का,
हम है तो अँधेरे में पर रात नहीं है

छन्दों के अलावा भी है शायरी का आलम
पर ज़ोरे कशिश वाले जज़्बात नहीं हैं

सच बोलना अच्छा है, मगर यह तो सोचिए
अब पिछले अहद वाले हज़रात नहीं हैं

सुकारात के साथी भी ख़तरे के वक़्त बोले,
हम साथ तो चले थे, पर साथ नहीं हैं

आएँगे, हाँ आएँगे लेकिन अभी-अभी तो
बेदारीए इंसा के लम्हात हाल नहीं हैं।

दर्द में ज़िन्दगी

दर्द में ज़िन्दगी डूबे-उतराय-सी
पास में इक अबावील मण्डराय-सी

प्यासी आँखों से पानी झरे रात-दिन
जिन्दगानी अचम्भे की पर्याय-सी

जेठ की लू-लपट को न भूले अभी,
बारह मासा लिखे किस तरह जायसी?

ज़िन्दगी हर तरफ़ भर गईं खौफ़ से,
क़त्लघर में खड़ी काँपती गाय-सी

दो क़दम इस तरफ़ दो क़दम उस तरफ़
प्रेत के वश हुई देह अभुवाय-सी

रोशनी के हरफ़ लिखने आए थे हम,
लेखनी कौल से आज घबराय-सी।

क्या हम तुम

क्या हमें तुम भूल जाना चाहते हो
हो न हो कुछ आज़माना चाहते हो

हम किनारों की पहुँच से दूर बहते,
अब कहाँ हमको बहाना चाहते हो

चाहकर भी तुम न आना चाहते हो,
आदतन कोई बहाना चाहते हो

दिख रहे हो कुछ-न-कुछ हर शक्ल में
और क्या हमको दिखाना चाहते हो

हू-ब-हू अपने भी दिल का हाल यह
क्यों इसे अपना बताना चाहते हो

दरमियाँ इज़हार की क्यों किसलिए
खामखाँ दीवार लाना चाहते हो।

दर्द फिर से

दर्द फिर से उधार लेने दो
अपनी ग़लती सुधार लेने दो

अपनी हस्ती से मिलता-जुलता है
बहता दरिया निहार लेने दो

है तो मालूम बात पहुँचेगी
पूरे मन से पुकार लेने दो

तट से बँधकर उदास रहती है,
कश्ती जल में उतार लेने दो

गीत लँगड़ाते है अँधेरे में
रोशनी का सितार लेने को

नब्ज़ अपनी पकड़ लिया मैंने
धड़कनों का शुमार लेने दो

गोल, चौकोर चौखटे सुलगे
अब धुएँ की बहार लेने दो।

क़द में कि कैफ़ियत में

क़द में कि कैफ़ियत में सरकार से बड़े हैं
यह जानते हैं फिर भी दरबार में खड़े हैं

चीज़ों की क़ीमतें है क़ीमत न आदमी की
देखे-सुने हैं फिर भी बाज़ार में खड़े हैं

अपने लिए ही अपनी पहचान कठिन होगी,
भूले नहीं हैं फिर भी शृंगार में खड़े हैं

पहिया है नीचे-ऊपर बस, घूमता रहेगा
महसूसते हैं फिर भी संसार में खड़े हैं

कै वार हीरे-मोती करते रहे इकट्ठा,
खोते गए है फिर भी व्यापार में खड़े हैं

यूँ ख़त्म होने वाली यह दास्ताँ नहीं है,
है जानकार फिर भी इज़हार में खड़े हैं।

मुक्तक

देह की शक्ति को तोलना चाहिए
देश की भक्ति को बोलना चाहिए
कोई माँ की अगर अस्मिता को छुए
रक्त हो तो उसे खौलना चाहिए।

इष्ट ईमान को पूजना चाहिए
भ्रष्ट अभियान को वर्जना चाहिए
बकरियों का धरम है कि में में करें–
सिंह को सर्वदा गर्जना चाहिए।

ऐक्य के गीत यदि कंठ गाता न दो
बीन स्वातन्त्र्य की मन बजाता न हो
व्यर्थ है ध्यान की साधना ही अगर
देश का पूर्ण प्रतिबिम्ब आता न हो।

भूमि की अर्चना में मगन हो गए
पूर्ण करके वचन निर्वचन हो गए
है उन्हीं को समर्पिण सहस्रों नमन
राष्ट्र हित यज्ञ में जो हवन हो गए।

यह जो अरसे से मुलाक़ात नही की मैंने
गोया दीदार की बारात नहीं की मैंने
ठीक निभ जाय, ज़माने की रस्म भी तुमसे–
इसलिए दिल की कोई बात नहीं की मैंने।

मैं रहा सबकी तरह, सबसे निराला न हुआ
हुआ अंगूर मगर ढल के मैं हाला न हुआ
जब तलक तूने जलाई न प्यार की बाती
अँधेरे घर में कभी दोस्त उजाला न हुआ।

मैंने औरों की तरह प्यार जताने के लिए
कस्में खाई हैं कहाँ प्यार निभाने के लिए
फिर ये क्या है कि बेचैन हो सुनने के लिए
और लाचार हूँ मैं तुझको सुनाने के लिए।

अब तलक तुमने भेजी नहीं ख़बर कोई
तुमको मालूम नहीं होगा बेसबर कोई
ऐसा कर दिल में सभी हाल तुम्हें मिल जाए
कह रहा व्यर्थ अकेले में ये रहवर कोई।

जिस तरह भी बन सके पूरी अभी मंज़िल करो
मुश्किलों के सामने छोटा न अपना दिल करो
चाँद, सूरज भी अगर धोखा तुम्हें देने लगें
आदमी हो दिल जलाकर रोशनी हासिल करो।

सब कुछ वैसे ही जाती है
भ्रष्टाचार सदाचारी है
कल उनके माफ़िक़ मौसम था
और आज इनकी बारी है।

नक़ली गहने खूब गढ़े हैं
जगह-जगह फनकार बढ़े हैं
पीतल पर सोने का पानी
आसमान पर भाव चढ़े हैं।

लफ्ज़ों में लफ्फ़ाज़ी लफ़ड़े
मानी में पेचीदा पचड़े
शायद अपनी रीति नीति के
हमने गलत बुने हैं कपड़े।

यूँ तो हम सब ख़रीदार हैं
भाव ताव में होशियार हैं
लेकिन माफ़िक़ दाम मिले तो
बिकने को भी बेक़रार हैं।

बदचलनी की ऋतु बदलेगी
परिवर्तन की हवा चलेगी
भीतर-भीतर सुलग रही है
धुआँ उठा है आग जलेगी।

हाइकु

डरता नहीं
झूठ नहीं बोलेगा
कोई आईना।

मुक्तछन्द कि
छन्द में ढलूँ
मुझे व्यक्त होना है।

बोल भाते हैं
उपमा न रूपक
सीधी बातें हैं।

मुमकिन है
जैसे मैं भटका था
वे न भटकें।

समझदारी
अपने ज़ख्मों की
देन ही तो है।

तोता आ बैठा
खुशी में डाल हिली
अमरूद की।

करवाचौथ
शशि हेरती आँखें
प्रीति बोती-सी।

भजन गाती
बैलगाड़ियों दौड़ी
सड़कों पर।

चिड़िया उड़ीं
नीम अब अकेली
माँ की तरह।

बेटी तो गई
माँ को दुलारता है
अकेलापन।

बड़े दुखों को
गा-गाकर झेल गईं
माँ, दादी, नानी।

कोयल कूके
कलेजे चुभी फाँस
हिल-सी जाए।

चन्द छन्द मुक्त कविताएँ

दो क़ैदी

एक ही जगह रहते
मुझमें और तुममें
सिर्फ इतना फ़र्क़ हैं,
मैं जानता हूँ यह निरर्थक सींखचे हैं
लोहे के,
और यह बहुत बड़ा क़ैदखाना,
मेरे मस्तक पर
लाल चिन्ता की सरिताएँ बह रही हैं–
और तुम
बड़े मज़े में बजा रहे हो तसला
और
गा रहे हो गाना।

कागज़ की नाव

लहरों को
ऊपर-नीचे
ऊटपटाँग फेंकती है
नदी की धार।

दहशत से काँपता है।
शाम का बढ़ता हुआ अँधकार
और
ये कागज़ की नावों पर
बैठे हुए लोग,
कितने निश्चिंत हैं
जैसे बचा लेंगे इनको
माटी के माधव
जिनके हाथों में दिखती है
सरकंडों की पतवार।

पीले अख़बार

स्याह रात का
जो कुछ अज्ञात है
उससे बनाकर
ताज़े समाचार
दरवाज़ा खुलते ही
सवेरा
फेंक जाता है
पीले अख़बार।

कानी बेटी का ब्याह

चक्करदार
ज़ीनों में चढ़ना
पीतल पर
सोने का मढ़ना
सम्भावनाओं के बूते
कर्ज़-पर-कर्ज़ लादना,
आहत स्वाभिमान को
हँसी की गोद में बिठाना
पुचकारना
सही बातें
न किसी से कहना न सुनना
सहना...केवल सहते रहना
हर अन्तर्दाह
ज़िन्दगी है
या
कानी बेटी का ब्याह।

एक गाँठ और

सरपत सी मूँछों
और
मशकनुमा छाती पर
आँख गड़ गई,
उलझे हुए धागे में
एक गाँठ
और पड़ गई।

प्रश्नों के सामने

प्रश्नचिह्नों
के सामने
खड़ा हुआ
देखता हूँ दृष्टि में—
काग़ज़ी महापुरुषों के बदले हुए रंग-रोग़न,
सफेद कुरतों
की थैलियों में
चार रंगों की टोपियाँ, कोयला
और चन्दन,
मंत्रों का गट्ढर लादे भाड़े के टट्टू
प्रकाश के सात रंगों को अलगाते हुए
प्रिज़्म
आग लगे जंगल में भागते हुए हिरन
औ...र
और,...मैं
अवाक्!

आकाश का एक्स-रे

धब्बे हैं—बादल
चितकबरे
तापाव की प्लेट पर
आकाश का
                एक्स-रे
आँखों में रोशनी नहीं
यह बिम्ब कहाँ ठहरे?